Le renard apprivoisé

Apprivoisez nos auteurs en allant les visiter
sur notre site au : www.soulieresediteur.com

Le renard apprivoisé

**Un récit
d'Alain Stanké
illustré par
Jocelyne Bouchard**

SOULIÈRES
ÉDITEUR
www.soulieresediteur.com

case postale 36563 — 598, rue Victoria
Saint-Lambert (Québec) J4P 3S8

Soulières éditeur remercie le Conseil des Arts du Canada et la SODEC de l'aide accordée à son programme de publication et reconnaît l'aide financière du gouvernement du Canada par l'entremise du Fonds du livre du Canada (FLC) pour ses activités d'édition. Soulières éditeur bénéficie également du Programme de crédit d'impôt pour l'édition de livres – Gestion Sodec – du gouvernement du Québec.

Dépôt légal: 2013

Catalogage avant publication de Bibliothèque et Archives nationales du Québec et Bibliothèque et Archives Canada

Stanké, Alain, 1934-
  Le renard apprivoisé
  Nouv. éd.
  (Collection Ma petite vache a mal aux pattes ; 116)
  Publ. à l'origine dans la coll.: L'apprivoisé. Montréal : Stanké, c1997.
  Pour les jeunes de 9 ans et plus.
  ISBN 978-2-89607-165-4

  1. Renards (Animaux familiers) - Anecdotes - Ouvrages pour la jeunesse.
2. Renards en captivité - Anecdotes - Ouvrages pour la jeunesse. I. Bouchard, Jocelyne. II. Titre. III. Collection: Collection Ma petite vache a mal aux pattes ; 116.
SF459.F68S73 2013   j636.9775   C2012-942478-1

Illustration de la couverture et illustrations intérieures :
Jocelyne Bouchard

Conception graphique de la couverture :
Annie Pencrec'h

À Alexandre, Brigitte,
Claudie, Sophie, Éric (dit Riki),
Nicolas, Stéphanie, Julian,
Romain, Thomas et Carl.

MISE EN GARDE

Le récit qui suit a pour objectif de raconter une aventure hors du commun vécue avec un renard. Il ne vise aucunement à encourager l'élevage chez soi d'un animal sauvage.

En effet, à moins de posséder la connaissance nécessaire sur son comportement, son alimentation ainsi qu'une installation adéquate recréant fidèlement son habitat, on risque de commettre de graves erreurs pouvant se solder par la mort de l'animal.

Tous les amis des animaux devraient se souvenir de la phrase, lourde de conséquences, qu'Antoine de Saint-Exupéry fait dire au renard dans *Le Petit Prince* : « *Tu deviens responsable pour toujours de ce que tu as apprivoisé !* »

Apprivoiser un animal peut paraître facile, mais l'acte en soi comporte de lourdes responsabilités.

En revanche, s'il vous arrivait un jour de trouver sur votre route un animal sauvage blessé, n'hésitez pas à lui offrir votre gîte et à le soigner le temps où vous serez son hôte. Il ne vous oubliera jamais !

Et vous non plus d'ailleurs !

Le premier renard...

Le premier renard que j'ai aimé était celui du Petit Prince.

Il m'avait appris à être responsable de ce que j'avais apprivoisé.

Un jour, j'en ai rencontré un autre. Bien vivant, tout petit, celui-ci était roux.

Ses proportions étaient harmonieuses. Il avait une allure vive et racée. Ses oreilles étaient constamment dressées, ses yeux obliques toujours en éveil, son front bien plat et son museau long et pointu. Son pelage abondant et touffu lui donnait une prestance hors du commun. Il représentait pour moi un authentique chef-d'oeuvre de la nature.

Souple et élégant, il était toujours aux aguets. Le moindre bruit le mettait sur ses gardes, la moindre odeur le rendait soupçonneux. Sa queue était presque aussi longue que le reste de son corps et, quand il lui arrivait d'avoir peur ou lorsqu'il voulait en imposer, elle doublait de volume.

Au premier croisement de nos regards, j'ai su que nous serions amis pour longtemps. Je lui ai tout de suite trouvé un nom : Riki. Il a semblé l'accepter sur-le-champ.

Mon nouvel ami était plus câlin qu'un gardien, qu'un chien. Il était les deux à la fois. Enjoué et affectueux, il n'a pas tardé à changer le cours de ma vie qui, grâce à sa présence, n'a plus jamais été la même.

Riki, le renard, est né à Montréal dans un petit zoo aménagé au coeur du parc Lafontaine et baptisé *Jardin des merveilles*. Sa maman ayant donné naissance à une portée de sept renardeaux, les responsables du jardin furent aussitôt confrontés à un problème d'hébergement. L'exiguïté des lieux rendait impossible la garde des petits au-delà de leur sevrage. Comme il n'était pas question de les éliminer, Dieu merci ! il ne restait que deux solutions : l'adoption ou l'abandon pur et simple dans une quelconque forêt, avec l'espoir qu'ils parviendraient à s'y acclimater.

Connaissant mon amour pour les animaux, le directeur du jardin, mon ami Désiré Haertz, m'avait offert d'adopter le renardeau de mon choix, le temps de trouver un lieu plus propice à sa nouvelle vie. J'adorais les bêtes. Dans mon enfance, j'avais câliné beaucoup de félins. Je n'ai donc pas hésité un seul instant à tenter l'expérience.

En arrivant au Jardin des merveilles, j'ai été littéralement charmé de voir la petite famille s'amuser avec maman renard.Les rejetons sautaient, dansaient, se roulaient sur eux-mêmes, nullement dérangés par les visiteurs émerveillés par leur vitalité.

Dès que je suis entré dans l'enclos, l'un d'eux s'est détaché du groupe et, bien qu'un peu craintif, a fait mine de s'approcher de moi. Dès cet instant, j'ai su que c'était lui. Il était

joyeux et semblait parfaitement d'accord pour quitter les lieux afin de poursuivre sa vie dans ma famille. Un de mes amis m'avait accompagné. Il voulait être témoin de ma rencontre. L'expérience l'ébranla à tel point qu'il s'amouracha lui aussi d'un petit renard et, imitant mon exemple, décida de l'adopter sur-le-champ, avec la promesse formelle de lui offrir un foyer d'accueil de toute première qualité. Ce jour-là, tous deux, Riki et son petit frère, venaient de trouver le gîte, le couvert et l'amour.

Vu mon ignorance en matière d'élevage de renards, M. Haertz me donna des conseils d'usage que je suivis à la lettre.

— Le premier jour, m'a-t-il dit, tu ne dois rien lui donner à manger. Installe-lui une auge remplie d'eau. Le lendemain, alors qu'il

sera tenaillé par la faim, tu pourras mieux l'approcher. Pour cette première rencontre, munis-toi d'une petite aile de poulet que tu lui tendras très délicatement en prenant bien soin de ne pas faire de gestes brusques qui risqueraient de l'effrayer. Lorsqu'il tentera de t'arracher la nourriture de la main, ne le laisse pas faire. Il faut qu'il puisse la grignoter pendant que tu tiendras le morceau entre tes doigts. Et, lorsqu'il se décidera à manger, tout doucement, d'un doigt de la même main, tu lui donneras des petites tapes sur le museau. Ce geste est très important : il a pour but de faire comprendre au renardeau que la main qui le touche est la même que celle qui le nourrit. C'est une main amie. Une main qui ne lui fera aucun mal. Dès ce moment votre lien sera scellé. Vous serez devenus des amis.

Le lendemain matin, suivant les conseils de l'expert, j'entrai avec précaution dans la pièce du sous-sol aménagée spécialement à son intention. Tel que prévu, je lui tendis une appétissante aile de poulet crue.

Mon coeur battait très fort. J'avais l'impression d'entendre battre le sien au même rythme. C'était la première fois que nous allions nous rencontrer dans sa nouvelle demeure. Me voyant arriver, le petit renard se réfugia rapidement dans un coin, l'oeil inquiet, la queue gonflée au maximum.

Devais-je l'approcher en brandissant la nourriture ou devais-je, au contraire, attendre qu'il fasse les premiers pas ? Immobiles, nous nous sommes regardés sans broncher pendant deux longues minutes qui m'ont paru une éternité. J'eus l'idée de rompre le silence en prononçant son nom d'une voix calme. Il tourna légèrement la tête, me toisa avec circonspection, détourna sa tête dans l'autre sens, puis je vis sa queue perdre de son volume. Peu après, il s'accroupit et se mit à ramper avec précaution jusqu'à moi. Dès qu'il fut à ma hauteur, vif comme l'éclair, il sauta sur le poulet en tentant de me l'arracher de toutes ses forces.

Tel qu'on me l'avait recommandé, je résistai à l'assaut. Il sembla désolé de tant de résistance. Voyant qu'il ne parviendrait pas à se sauver avec la nourriture, il se résigna finalement à la croquer goulûment dans ma main, chair et os compris. Tout se passa si vite que j'eus à peine le temps de lui administrer les petites tapes amicales prescrites. Il mourait visiblement de faim. Constatant que la misérable petite aile serait insuffisante pour célébrer notre première rencontre à la maison, je suis allé lui en chercher une autre.

Lorsque je revins dans la pièce, j'eus la surprise de constater qu'il n'était pas allé se réfugier dans son coin, mais qu'il m'attendait de patte ferme, salivant de joie, tout près de la porte d'entrée.

Comprenant sans doute que je n'allais pas lâcher le morceau, il ne fit aucune tentative pour l'arracher, se contentant de croquer la deuxième aile comme la première. Il sembla éprouver le même enchantement à manger le deuxième morceau que le premier. Mais, cette fois, il me laissa le temps de lui administrer quelques petits louvoiements manuels sur le museau. Lorsqu'il eut fini, Riki resta paisiblement près de moi en me fixant des yeux. Je fus tenté de le caresser, mais arrêtai mon geste à mi-chemin, craignant que l'odeur de la volaille restée sur mes doigts ne lui donnât l'idée de les croquer comme du poulet. J'avançai donc lentement la main gauche dans sa direction. Il fut surpris et eut un mouvement de recul. Je me suis entendu lui dire stupidement :

Bah oui... j'ai deux mains ! Ça, c'est l'autre !

Mes enfants avaient été prévenus qu'il ne leur serait pas permis d'approcher notre nouveau pensionnaire tant que celui-ci ne se serait pas confortablement installé dans une petite routine. Ils étaient autorisés à observer notre nouvel ami de loin, à lui parler de temps en temps, histoire de lui faire comprendre que la maison était habitée par deux adultes et quatre enfants.

Cinq jours plus tard, alors que je continuais toujours à le faire manger dans ma main, les enfants vinrent, tour à tour, lui offrir leurs premiers gestes d'amitié qui se résumaient en de longues séries de caresses.

Chaque fois que quelqu'un de nouveau venait effleurer son merveilleux pelage, ses grandes oreilles noires ou sa gorge d'un blanc immaculé, il se dressait aussitôt sur ses pattes qu'il avait très fines, arrondissait l'échine, faisait frémir ses narines, tendait le museau et ouvrait grand ses yeux. Ses orbites, au fond desquelles veillaient deux intenses lueurs, devenaient de véritables radars aux aguets.

À partir de ce moment, je décidai que Riki pourrait prendre son repas tout seul dans une auge qui lui était réservée. Chaque fois que nous ouvrions la porte pour lui apporter de la nourriture, il se mettait à arpenter la pièce, d'un pas feutré, lançant une série de petits gloussements de joie.

Avant d'entamer sa potée, il lui arrivait souvent de lécher tendrement la main de celui qui venait la lui servir. Sa langue était étroite et longue. Rêche comme une râpe. Bien que son comportement exprimait la tendresse, nous ne pouvions nous empêcher de lorgner du côté de ses crocs pointus et aiguisés comme des lames de rasoir. Pourtant, il ne fallait surtout pas lui montrer une crainte qui l'aurait déstabilisé. Nous faisions tous semblant d'être à l'aise jusqu'au jour où, n'ayant plus aucune raison de nous méfier de lui, nous parvînmes à l'être tout naturellement.

À force d'observation, je me suis rendu compte que notre renard était davantage friand que vorace. En effet, au bout d'un moment, il ne se lançait plus jamais sur la nourriture pour la dévorer comme au premier jour. Il semblait plutôt la déguster lentement, avec beaucoup d'application et une joie non dissimulée. Riki était fin un gourmet !

Voyant qu'il appréciait à ce point ma cuisine, j'essayais de lui faire plaisir en lui préparant une variété de petits plats gourmands composés de viande (de préférence du poulet), d'oeufs et de quelques aliments sucrés. Il affectionnait particulièrement le sucré. Il adorait aussi les cuisses de grenouille que je lui réservais certains jours fériés.

Riki passait ses journées à arpenter sa chambre, comme s'il était soucieux de garder sa belle forme, à moins que ce ne fût pour tromper son impatience. Il s'arrêtait parfois pour boire ou pour ronger le coin d'une porte donnant accès au jardin. Son attaque se concentrait surtout sur la partie située autour de la poignée. Il avait compris que cet objet magique, s'il venait à céder, lui permettrait de se retrouver à l'extérieur. Son acharnement à vouloir « ouvrir » la porte était tel qu'au bout de deux jours il finit par la rendre squelettique. La pauvre poignée ne tenait plus que par quelques misérables lambeaux de bois. C'est alors que je décidai de lui laisser respirer l'air du dehors. Je lui mis un joli collier de cuir au cou et je l'attachai à une longue chaîne afin qu'il puisse gambader à sa guise à l'air libre. Riki était fou de joie. Il sautait sur place, secouant vigoureusement la tête. Aérait-il sa toison rousse ou tentait-il de se libérer de son attache ? Au bout d'un moment, il se roula par terre. Il était heureux. Attendri et rassuré de le voir dans cet état, je le laissai seul et je retournai vaquer à mes occupations. Lorsque je revins auprès de lui une heure plus tard, je fus stupéfait de ne trouver qu'un collier déchiqueté au bout de la chaîne. Riki avait pris la fuite !

J'étais catastrophé. Je craignais l'avoir perdu à tout jamais. Ce qui me paraissait plus grave encore, c'était de penser que quelque chasseur en mal de trophées ait pu l'abattre froidement d'un coup de fusil comme si l'on avait eu affaire à quelque dangereuse bête sauvage. Il fallait avertir la police de toute urgence.

Je me revois encore pendu au téléphone, tentant de demander à mon interlocuteur si la police n'aurait pas, par hasard, vu passer, devinez quoi ? Un renard ! Le préposé me fit répéter deux fois la question :

— Attendez, attendez, dit-il éberlué, vous voulez savoir si on a vu un renard en ville ? C'est une plaisanterie ou quoi ?

— Mais non, mais non, monsieur l'agent, il s'agit d'un renard... d'un vrai renard, mais... apprivoisé.

— Je vous ferai remarquer, pour commencer, qu'un règlement municipal interdit aux citoyens de garder un animal sauvage à la maison. Par ailleurs, si, comme vous le dites, il est apprivoisé, vous n'avez qu'à l'appeler et il devrait revenir ! Logique, non ?

— Bien sûr, c'est logique. Mais comme c'est sa première escapade et que j'ignore dans quelle direction il est parti, je ne peux pas l'appeler... Tout ce que je souhaiterais c'est que, si par bonheur une de vos patrouilles venait à le croiser...

— ... qu'on ne lui tire pas dessus ! ajouta le policier.

— Oui, voilà. Et puis, si jamais quelqu'un vous téléphone pour vous dire qu'il a vu un renard rôder dans son quartier, j'apprécierais que vous m'appeliez aussitôt afin que je puisse aller le récupérer. Je vous donne mon numéro de téléphone à tout hasard.

Je n'ai pas eu l'impression que le brave homme avait noté le numéro. J'ai raccroché, doutant de sa compréhension à ma cause.

Trente minutes plus tard, pourtant, le téléphone a sonné. C'était un appel de la police.

— C'est vous l'homme au renard ? s'enquit le policier d'une voix toujours aussi méfiante.

— Oui, c'est bien moi, monsieur.

— Bon eh bien, une dame vient de nous téléphoner. Elle est terrorisée. Elle dit qu'elle a vu une bestiole ressemblant à un renard rôder dans le petit champ situé derrière l'église Saint-Maurice.

Le terrain en question se trouvait tout près de ma maison. Désormais tous les espoirs étaient permis. Il restait à savoir comment procéder pour faire revenir Riki maintenant qu'il avait goûté à la liberté. Je téléphonai aussitôt à mon ami Daniel Dubuc, qui avait adopté le

petit frère de Riki, pour lui demander conseil. Mon copain avait une vaste expérience des animaux sauvages. Dans le passé, il avait

déjà apprivoisé avec un remarquable succès deux ratons laveurs, une mouffette, une marmotte et un mainate[1]. Daniel eut l'ingénieuse idée de venir à l'endroit indiqué avec son propre renardeau tenu en laisse. Il savait que les deux petits mâles, après avoir été séparés, agiraient comme deux animaux étrangers et qu'ils se traqueraient mutuellement.

Son idée s'avéra brillante. Aussitôt son renard arrivé sur place, il se mit à flairer nerveusement la piste du fugitif qu'il débusqua sans

1. Passereau noir de Malaisie capable d'imiter la voix humaine.

peine, blotti derrière un buisson. Dès que les deux bêtes furent nez à nez, elles se sautèrent dessus comme deux ennemis prêts à se déchirer. Il ne me restait plus qu'à saisir Riki par la peau du cou et le ramener à la maison avec beaucoup de ménagement.

Riki semblait avoir trop aimé son escapade et sa vie en plein air pour que je me résigne à le garder enfermé. Je remplaçai donc son collier de cuir rendu inutilisable par une chaîne et je l'attachai dehors, au même endroit.

Heureux de se retrouver en semi-liberté, à l'air pur, il entreprit de creuser aussitôt d'innombrables terriers sous la clôture de notre propriété afin d'explorer de plus près la pelouse des voisins. En un rien de temps, notre jardin prit l'allure d'un véritable champ de bataille. La situation ne pouvait plus durer. Il fallait à tout prix aménager un lieu plus propice à ses ébats sans que ceux-ci ne transforment notre cour en sol lunaire.

Je finis par lui construire un élégant petit cabanon dans lequel il sembla se sentir à l'aise. Tout autour, pour l'empêcher de creuser des tanières, je plaçai un large trottoir de ciment. Adieu les trous !

L'inauguration de la nouvelle installation prit l'allure d'une cérémonie officielle et fut marquée par un repas gargantuesque servi au nouveau locataire des lieux dans une nouvelle auge achetée spécialement pour la circonstance.

Riki se régala comme jamais. Repu, il se retira ensuite dans ses appartements pour faire une sieste. Je le croyais endormi, lorsqu'un imprudent moineau eut l'idée de se poser près de l'assiette du renard afin d'y picorer quelques restes pour calmer sa faim. Le renard ouvrit un oeil, puis l'autre, se dressa avec une infinie précaution et s'élança sur l'oiseau si rapidement que le malheureux volatile ne le sentit jamais venir. La journée fut mémorable : Riki couronnait son repas de manière royale.

Le lendemain, une surprise m'attendait. Lorsque je lui eus apporté son assiette rem-

plie à ras bord, je vis Riki s'approcher du plat, y plonger son museau, se pourlécher, réfléchir un court moment, plonger sa patte de devant dans la potée et se mettre à asperger copieusement le trottoir de la bonne soupe que je lui avais pourtant préparée avec beaucoup d'amour. Agissait-il ainsi en guise de protestation ou était-ce par fanfaronnade ? Je n'y comprenais plus rien. Il devait sûrement y avoir une explication. Il ne restait rien d'autre à faire qu'à attendre à l'abri et à observer.

Sitôt son travail d'éparpillement terminé, Riki alla se cacher dans sa cabane. Le champ était libre. Une escadrille d'oiseaux, constituée de moineaux et de sansonnets, vint se poser joyeusement, sans méfiance, autour du plat. Ce jour-là, Riki dévora quatre volatiles. Un festin infiniment meilleur que tout ce que j'aurais pu lui concocter.

Son nouveau gîte était accolé à la maison et nous permettait d'épier Riki sans déranger sa routine quotidienne. Nous ne nous lassions pas de l'observer. C'est ainsi que nous avons pu nous rendre compte que notre ami était un animal d'une propreté exemplaire. Il ne souillait jamais sa maisonnette. Il cachait méticuleusement ses excréments sous un amas de terre qui se trouvait à proximité.

Sa chasse quotidienne, entrecoupée de petites siestes, finit par lasser Riki qui aurait souhaité plus d'action. C'est du moins la conclusion à laquelle je suis parvenu lorsqu'il commença à gruger la porte – déjà rongée de l'intérieur – pour signifier qu'il aimerait avoir le droit de revenir, ne serait-ce que quelques instants, dans la demeure familiale.

Une nouvelle habitude allait se créer. Tous les jours, Riki exigeait une récréation dans la maison au cours de laquelle il sectionnait

quelques fils électriques, échappant chaque
fois miraculeusement à l'électrocution, et in-
sistait pour jouer à la balle qu'il nous rappor-
tait inlassablement comme le font les chiens
les mieux dressés. Lorsqu'on refusait de lui
lancer la balle, il s'emparait tout simplement

d'une pantoufle ou d'un soulier qu'il prome-
nait de chambre en chambre, en refusant de
nous le remettre comme si c'était un précieux
trophée. Après avoir joué avec nous durant
de longues heures, je peux affirmer qu'il était
capable d'humour et de beaucoup de malice.
Le jeu avait le pouvoir magique de l'égayer au
point qu'on croyait par-
fois l'entendre rire sans
retenue. C'était pour
nous tous un moment
d'une extrême gaieté
difficile à oublier.

Lorsqu'il nous arrivait
de négliger cette pé-
riode ludique qui lui
tenait à coeur au-
tant qu'à nous, le
renard protestait
énergiquement en

nous injuriant par ses cris rauques, étranglés et râpeux qui rappelaient les glapissements d'une poule martyrisée. De peur que tout le voisinage ne soit ameuté par ses appels, nous finissions toujours par lui ouvrir la porte. Il gagnait à tout coup.

Ceux qui n'ont pas le plaisir de connaître les renards ignorent sans doute que leur affectivité est exacerbée au plus haut point. Quiconque n'a jamais côtoyé un renard peut difficilement s'imaginer que ce merveilleux animal est doué d'une capacité de sourire. Lorsqu'il est heureux, son expression se feutre, s'adoucit, ses yeux s'inondent comme par enchantement et se mettent à briller. Ses mâchoires s'entrouvrent généreusement, laissant apparaître sa langue posée sur les crocs d'en bas. Il lui arrive même de quémander des caresses.

Dans ces moments-là, il s'approche de vous de façon mutine, vous regarde avec insistance

en laissant échapper quelques légers grogne-
ments, puis s'éloigne lentement en espérant
que vous le suivrez. Si vous succombez, il se
montrera indépendant en se tenant à une dis-
tance telle que vous ne par-
viendrez jamais à le toucher.
Il est très clair
qu'il n'aime la
course que
pour la

griserie fugace de la victoire. Lorsque la lassi-
tude vous aura gagné et que vous aurez aban-
donné la cavale, il viendra alors de lui-même
choir à vos pieds, soumis, confiant, tout aban-
donné à vos caresses. Au bout d'un moment,
vous l'entendrez même soupirer de bien-être.

Dans notre maison, Riki, qui ne prisait pas
l'oisiveté, était bien servi. Avec Alexandre,
mon fils, il jouait souvent au cowboy, quand
il ne faisait pas la course au train électrique.
Pour mes filles, Brigitte, Claudie et Sophie, il
remplaçait la poupée. Il refusait obstinément
de se faire mettre une couche, mais il accep-
tait de bon gré le déguisement qu'elles lui im-
posaient en lui attachant un bonnet sur la tête
avant de l'allonger dans le berceau où il devait
rester jusqu'à épuisement de leur répertoire
de berceuses. En jouant avec les enfants, le
renard était toute douceur et langueur. Tou-
chant à voir !

Riki se laissait désormais remettre le collier et la chaîne sans aucune résistance. Parfois, lors de cette opération, il lui arrivait de se sauver, mais sa fuite était généralement de courte durée.

Une fois il se sauva, juste le temps nécessaire pour aller visiter la cour d'un voisin, professeur d'université. Celui-ci avait eu la malencontreuse idée d'élever chez lui un coq, dans le but de pratiquer sans doute, sur le pauvre gallinacé, une quelconque expérience d'ordre médical. Hélas, l'humanité ne connaîtra jamais les résultats des recherches de l'homme de sciences, car Riki y coupa court en dévorant sans ménagement le cobaye que je trouvais personnellement du genre casse-pieds : il me réveillait tous les matins, à l'aube. Tout ce qui resta de cette recherche inachevée furent un ergot et un tas de plumes que le vent finit par disperser.

Un jour, au retour de mon travail, alors que je roulais sur le boulevard Lévesque, non loin de notre maison, je vis un attroupement. Énervés, les gens couraient en tous sens à proximité d'une grande haie d'ormes. Par déformation professionnelle, je m'arrêtai pour demander la raison du rassemblement.

Un jeune homme survolté me dit :

— Il y a un renard... un renard. Il est vivant. C'est un vrai renard. Il se cache là. Regardez, regardez !

Imitant les curieux, je suis descendu de l'auto, et, quelle surprise, j'ai aussitôt reconnu mon petit Riki.

Le pauvre avait un regard de détresse.

Craintifs, les gens se tenaient prudemment à l'écart. On ne sait jamais ! Pensez donc : une bête sauvage ! Un fauve dangereux !

— Attention ! cria quelqu'un. Il a peut-être la rage. Il faut aller chercher un fusil ! Vite ! Vite ! Ça presse !

Me détachant de la foule ahurie, je m'approchai de la cachette en regardant fixement Riki dans les yeux. Je sentis tout de suite qu'il m'avait reconnu. J'eus même l'impression que ma présence le rassurait, car il baissa ses oreilles et sa queue reprit sa taille normale.

— Il est complètement fou, lança un curieux. Il est malade. Il va se faire mordre. Monsieur, monsieur, n'approchez pas ! C'est dangereux !

Embusqué derrière les branches, Riki continuait de rester immobile, figé par l'intensité du moment. D'un pas décidé, je m'approchai de lui. Il s'écrasa au sol dans un geste de soumission. Je le pris alors par la peau du cou, comme on fait avec les petits chiens, et je le sortis de sa cachette.

La foule était complètement médusée, éberluée. Plus personne ne disait mot. On s'écarta avec respect, ou crainte, pour me laisser la voie libre jusqu'à mon auto. Le plus normalement du monde, j'ouvris la portière et déposai Riki sur le siège arrière. Je pris ensuite place au volant et je démarrai en trombe, laissant derrière moi des gens qui donnaient l'impression d'observer un martien venu sur Terre pour les narguer.

Cette expérience restera pour moi parmi les plus belles que j'ai connues.

Avant d'adopter Riki, je n'avais jamais vu courir de renards sauf dans les bois. Ils représentaient dans mes rêves tout ce que l'on ne peut attraper, comme les oiseaux, les papillons ou les étoiles filantes. Avec Riki, tout avait changé. On sentait toujours vibrer son énergie. Il avait en lui comme un bouillonnement exceptionnel. Je l'aimais tellement qu'il m'arrivait souvent de m'arrêter dans la journée et de prendre un indéniable plaisir à le regarder tout simplement respirer, marcher, bondir comme s'il volait, ou dormir. À l'admirer vivre. Quelle beauté ! Quelle élégance ! Quelle splendeur !

Ses guêtres noires, sa gorge d'un blanc immaculé, l'intensité de son expression, tout en lui me ravissait.

Son odeur, que certains trouvent suffocante, car elle se rapproche du salpêtre et des pommes fermentées, ne m'a pourtant jamais dérangé. À la limite, je la trouvais presque revigorante. Émise par une glande, elle constituerait, semble-t-il, le plus gros handicap du renard, dès lors facilement repérable par ses prédateurs. Selon une légende, certaines personnes pratiqueraient, paraît-il, l'ablation de cette glande afin de ne plus être incommodées par l'odeur du fauve. Malheureusement, ainsi mutilées, les bêtes perdent leur instinct naturel. Pour nous, la question de faire opérer Riki ne nous a jamais effleuré l'esprit.

Au bout de six mois de cohabitation, à la suite d'une prise de conscience collective, tous les membres de notre famille finirent par conclure qu'un renard en captivité, même parfaitement apprivoisé et traité aux petits oignons, ne pouvait vivre heureux que s'il était en liberté. Il fut donc décidé qu'il serait relâché dans les meilleurs délais afin qu'il puisse

se refaire une vie correspondant à sa nature sauvage.

Après le minutieux examen d'une carte de la région, nous avons décidé que sa nouvelle demeure se situerait dans une petite forêt de Bois-des-Filions, dans la banlieue nord de Montréal.

Pour l'opération « libération », la famille au grand complet avait pris place dans la voiture. L'atmosphère était lourde. Devant l'imminence de la séparation, tout le monde avait le coeur serré. Rilki n'était pas très bien, lui non plus. Le bruit du moteur et le nouveau paysage qui défilait sous ses yeux le rendaient très nerveux. Heureusement, le voyage fut de courte durée. Lorsque nous atteignîmes le lieu fatidique, Riki examina la forêt à travers la vitre de l'auto. Il n'en avait jamais vu de sa vie. Il fallait lui donner le temps. Au bout d'un moment, chacun le caressa tendrement en guise d'adieux.

Nous avions tous les yeux mouillés. Nous savions que nous n'allions plus jamais le revoir. L'atmosphère ressemblait à celle d'un enterrement.

D'un geste décidé, dont je n'oublierai jamais le ridicule, j'ouvris la portière. Le renard flaira l'air du

dehors, nous toisa d'un air étonné puis, tel un champion olympique, plongea hors du véhicule.

Ses premières secondes de renard libéré, il les vécut en sautillant près de la voiture sans oser s'en éloigner. On aurait dit qu'il attendait notre autorisation pour se hasarder vers l'inconnu.

Les enfants descendirent de l'automobile pour l'encourager.

— Vas-y Riki, tu es capable ! Vas-y, sauve-toi ! lui criaient-ils en choeur. Si tu as besoin de nous, tu n'auras qu'à nous téléphoner, on reviendra te chercher, ajouta Brigitte, désireuse de détendre l'atmosphère qui était à son comble.

Après un long moment d'hésitation, Riki finit par s'éloigner. On le vit gambader au loin, disparaître un instant, puis reparaître à nouveau dans une éclaircie. Il sautait, courait. Il semblait heureux d'être complètement libre.

Pendant ce temps, les enfants réinstallés dans l'auto pleuraient à chaudes larmes la perte de leur ami. Nous ne voulions pas partir immédiatement. Il fallait à tout prix qu'il soit le premier à disparaître de notre vue. On essayait de s'habituer à son départ. Riki entrait dans la forêt, puis en ressortait aussitôt. Puis il se mit à s'éloigner lentement. de plus en plus loin.

Soudain, il ressortit du bois pour courir en direction d'une maison de ferme que nous n'avions pas remarquée. C'est à ce moment que je pris conscience de la bêtise que nous venions de commettre. En effet, notre renard connaissait les hommes et n'avait pas de raison de les craindre, tandis que la réaction des hommes, qui ignoraient tout de lui, était prévisible : ils allaient immanquablement lui tirer dessus. La panique s'empara de nous. Nous nous sommes tous mis à crier à tue-tête :

— Non, Riki! Ne va pas là ! File dans la forêt. Sauve-toi !

Il n'y avait plus rien à faire. Il avait décidé d'explorer la ferme. L'odeur du poulailler était trop alléchante.

Voulant éviter d'assister à un massacre, je décidai de quitter les lieux sans attendre une minute de plus.

Lorsqu'il vit l'auto s'éloigner, Riki eut une réaction que je n'oublierai jamais tant que je vivrai. D'un bond, il quitta la ferme et se mit à courir de toutes ses forces, oreilles baissées, en direction de notre voiture. Je ralentis légèrement la course pour lui permettre de nous atteindre plus rapidement. Lorsqu'il arriva à notre hauteur, les enfants ouvrirent la portière et, sans la moindre hésitation, Riki sauta à l'intérieur du véhicule en marche. Le scène était grandiose. Nous étions tous au comble de la joie. Quant au renard, il sautillait d'un enfant à l'autre, en les léchant avec une frénésie qu'on ne lui avait jamais connue.

Quelle belle aventure ! Je la vivais avec une intensité particulière, débordant d'une émotion intérieure dont la puissance a perduré jusqu'à ce jour.

De retour à la maison, on lui fit la fête. Une très grande fête.

***

Quelques semaines plus tard, nous l'avons confié à un ami, grand protecteur des animaux. Il était propriétaire d'un motel, en pleine nature, aux portes de Sainte-Adèle, dans les Laurentides. Bien qu'attaché, le renard jouissait d'un espace beaucoup plus grand que chez nous. De plus, il faisait l'admiration de centaines de touristes en compagnie desquels, en bon cabotin qu'il était, il se laissait photographier avec un malin plaisir jusqu'au jour où il rompit ses chaînes et se sauva pour de bon.

Fier et indépendant comme le sont les renards, il avait choisi, lui-même, le meilleur moment pour partir.

POUR EN SAVOIR PLUS
SUR MAÎTRE RENARD...

Zoologistes et vétérinaires rangent le renard dans la catégorie des mammifères carnivores et précisent qu'il en existe quatre espèces au Canada. On trouve d'abord le renard roux (en latin : *Vulpes vulpes*), le renard gris, le renard arctique et le renard véloce.

Vulpes vulpes – l'animal dont il est question dans ces pages – vit dans nos régions et promène sa belle queue en panache jusque dans le Grand Nord, où il côtoie son cousin, le renard arctique ou *Alopex lagopus*, brun foncé en été, blanc en hiver.

Dans les documentaires de l'Office national du film, on peut admirer la façon originale avec laquelle l'*Alopex*, un animal aux oreilles surdimensionnées, chasse en hiver les petits rongeurs « au son ». Il repère sa proie avec une précision telle qu'il bondit sur elle à quelques millimètres près à travers la couche de neige.

Le renard gris et le renard véloce vivent tous deux dans les régions plus méridionales du continent nord-américain. Le renard gris est un peu plus petit que le renard roux et possède des oreilles moins pointues. On le trouve dans le sud du Québec, de l'Ontario et du Manitoba, autrement dit à la frontière américaine. Son cousin, le renard véloce, encore plus petit, vit dans les mêmes régions des Prairies, mais théoriquement pas au Québec.

Le renard roux pèse de trois à sept kilos. L'extrémité de ses pattes et de ses oreilles est noire et le bout de sa queue est blanc. Il porte parfois une marque cruciforme noire sur le dos. Pour des raisons mal connues, tout le pelage de certains renards roux peut tirer sur le noir à l'occasion. *Vulpes vulpes* se promène des régions frontalières du 45e parallèle jusqu'à la toundra. On ne le voit pas sur les côtes de la Colombie-Britannique, pas plus que dans le sud de l'Alberta et de la Saskatchewan.

Le renard se nourrit de petits rongeurs, de grenouilles, d'oeufs et d'insectes. Malgré sa réputation de voleur de poules, il s'attaque assez rarement à la volaille en enclos bien protégé.

Selon l'espèce, le renard se reproduit en janvier, février ou mars, et les petits naissent dans des portées de 5 à 10, une cinquantaine de jours plus tard, dans une tanière creusée dans la terre.

Alain Stanké

ALAIN STANKÉ est né en Lituanie, sur les bords de la mer Baltique. En 1951, après de longs et laborieux détours (qu'il n'avait pas toujours librement choisis), il a débarqué au Québec où il s'est acclimaté plutôt raisonnablement en pratiquant le métier de journaliste.

Et comme le journalisme mène à tout, il a aussi oeuvré à la radio, à la télévision, dans l'édition et la sculpture.

À titre de journaliste boulimique, il a collaboré aux principales publications du pays et fut aussi correspondant étranger de *France-Soir* et *Figaro Magazine.*

Il a dirigé *Les Éditions de l'Homme* (1961-1971), fondé les *Éditions La Presse* (1971) et créé *Les Éditions Internationales Alain Stanké* (1975).

À la télévision, il a créé la toute première émission de caméras cachées, *Les Insolences d'une caméra.*

À titre de producteur, il a réalisé de nombreux reportages, interviews et documentaires sur une foule de personnalités internationales dans le domaine des arts, du spectacle et de la politique.

Il est l'auteur d'une trentaine d'ouvrages, d'essais, de biographies et de reportages.

Alain Stanké est membre de l'Ordre du Canada et de l'Ordre du Québec.

Il adore les animaux et déteste la chasse.

Jocelyne Bouchard

Elle me regardait intensément, me fixant avec ses grands yeux noirs d'enfant :
« Tantine, tu ressembles… à un RENAAARD ! »
Je n'oublierai jamais sa petite frimousse quand elle m'a lancé cette réplique. Et je lui ai répondu:
« Et toi, tu as les bajoues d'un petit suisse! »
Par sa candeur, ma filleule avait imprimé en mon âme mon nouveau totem, le renard roux.

Vous ne percevrez peut-être pas la similitude sur ma photo mais, en mon for intérieur, je veux lui ressembler. Le renard est un animal noble, intelligent, racé et rusé. Quelle belle muse !

Ce n'est d'ailleurs pas en vain que je l'ai immortalisé sur la couverture de mon recueil de peintures animalières urbaines intitulé : *Montréal, la nature en ville* publié en 2007.

En tant qu'illustratrice, je dois avouer que *Le renard apprivoisé* est un projet que j'ai aimé réaliser, car c'est une expérience que j'aurais aimé vivre : apprivoiser un renard, le prendre dans mes bras comme on prend un chien ou un chat, le caresser. J'en rêve vraiment. En effet, je retrouve souvent un renard dans mes songes, la nuit. C'est comme un ami qui vient sans cesse me saluer.

Alors je dis merci à Nora, Sylvie, Émi, aux deux Cédric et à Stéphane. Merci aussi pour le temps que j'ai passé avec Riki. Je me sens maintenant un peu comme le Petit Prince : j'ai reçu la visite d'un renard sur ma planète !

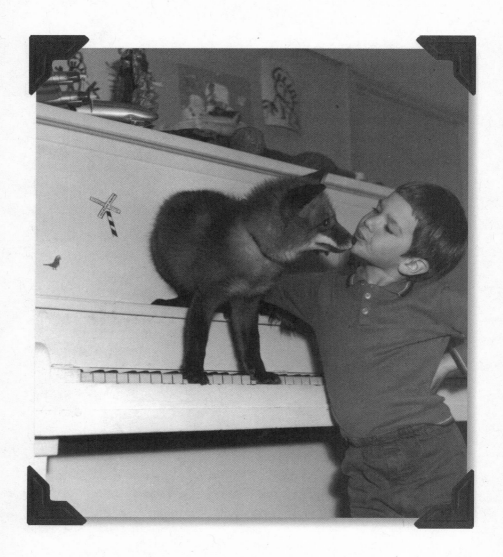

GARANT DES FORÊTS
INTACTES

Ce livre a été imprimé sur du papier Sylva enviro
100 % recyclé, traité sans chlore, accrédité Éco-Logo
et fait à partir d'énergie biogaz.

Achevé d'imprimer
à Montmagny (Québec)
sur les presses de Marquis Imprimeur
en janvier 2013